Mammoth Hot Springs Area

Yellowstone Nationalpark

Anonym

Writat

Diese Ausgabe erschien im Jahr 2023

- 2 -

ISBN: 9789359257457

Herausgegeben von
Writat
E-Mail: info@writat.com

Hot Springs Area
Yellowstone Nationalpark

WILLKOMMEN auf den Mammoth Hot Spring Terraces, einem der faszinierenden Naturwunder des Yellowstone! Es gibt verschiedene Möglichkeiten, die Terrassen zu genießen – zum Beispiel beim Wandern auf den Promenaden oder auf der Upper Terrace Loop Road . Vielleicht möchten Sie zum Upper Terrace Loop fahren, die Mitglieder Ihrer Gruppe dort absetzen, sie die Promenade hinunterlaufen lassen und sie am unteren Parkplatz abholen. Die Karten in dieser Broschüre helfen Ihnen bei der Entscheidung, wie Sie die Terrassen am besten genießen können.

Die Mammoth Terraces und Hot Springs wurden 1871 offiziell von einer Gruppe des US Geological Survey unter der Leitung von Dr. Ferdinand Hayden entdeckt. Allerdings gab es bereits vor diesem Zeitpunkt einiges lokales Wissen über die Hot Spring Terraces und ihre Aktivitäten.

Die Mammoth Hot Springs interessieren die Menschen seit der Gründung des Yellowstone-Nationalparks nicht nur wegen ihrer beeindruckenden Schönheit, sondern auch wegen ihrer Wandelbarkeit. Diese bemerkenswerten Quellen sind für ihre schnelle Ablagerung, unvorhersehbare Veränderungen und zufällige Erneuerung bekannt. Hier bewirken die wirkenden Kräfte der Geologie oft von einem Tag auf den anderen messbare Veränderungen, und es ist möglich, dass seit der Drucklegung dieser Broschüre erhebliche Veränderungen stattgefunden haben.

ZUTATEN FÜR DIE AKTIVITÄT IN DEN HEISSEN QUELLEN

Heißes Wasser ist das Leben der Terrassen. Ohne sie hört das Terrassenwachstum auf; Die Formationen verwittern grau und schwarz und beginnen zu zerbröckeln. Typischerweise sprudeln die vielen heißen Quellen willkürlich hervor, fließen ein kurzes Stück und verschwinden dann in einem Riss oder einer Spalte weiter unten am Hang.

Bei der Suche im Mammoth-Gebiet können an mehreren Stellen alte ruhende Terrassenhügel gefunden werden. Obwohl es anscheinend häufig zu Verschiebungen kommt, deuten die Aufzeichnungen der letzten Jahre darauf hin, dass der Gesamtwasserdurchfluss mit etwa 500 Gallonen pro Minute ziemlich konstant geblieben ist.

Grundwasser ist die Quelle des Abflusses bei Mammoth Hot Springs. Es handelt sich größtenteils um Sickerwasser, das durch Regen und Schnee gespeist wird, der hoch an den Hängen des Terrace Mountain und in Gebieten bis zum Norris Geyser Basin im Süden fällt. Dieses kalte Grundwasser wird erhitzt, bevor es an die Oberfläche gelangt, und zwar durch die aufsteigende Wärme aus der Magmakammer, die einst die heftigen Vulkane der Vergangenheit von Yellowstone antreibt. Siehe das Diagramm auf der Rückseite dieser Broschüre. Die Wassertemperatur in diesen Quellen erreicht etwa 170 °F (73 °C).

Für das Wachstum der Terrassen wird jedoch noch eine weitere Zutat benötigt, nämlich ein grundlegendes Baumaterial. Der Rohstoff hier ist Calciumcarbonat. Es ist unterhalb des Terrace Mountain reichlich vorhanden und besteht aus dicken Schichten sedimentären Kalksteins. Verwandte Kalksteinschichten sind als Aufschlüsse auf der Seite des Mt. Everts auf der anderen Seite des engen Tals im Osten sichtbar.

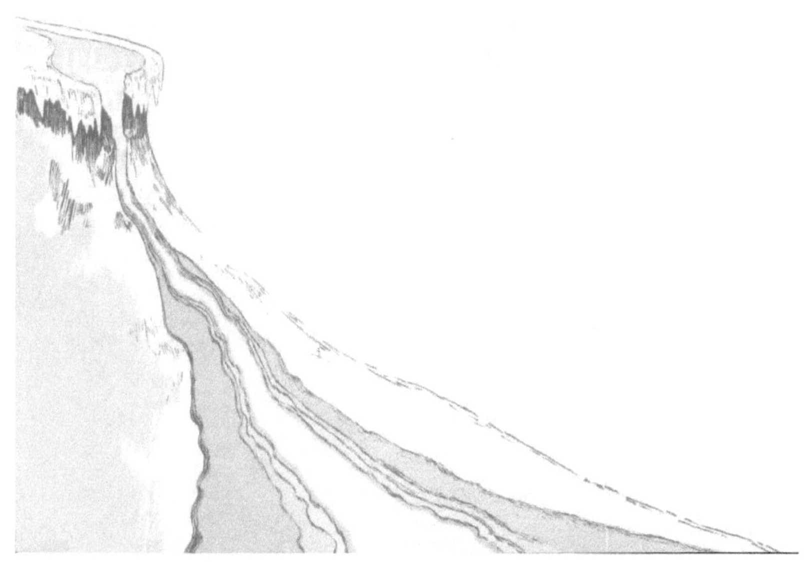

Unterschiedliche Temperaturzonen in den Wasserkanälen malen algenfarbene Bänder.

Während das Grundwasser langsam in den Kalkstein eindringt, kommt es mit heißen Gasen in Kontakt, die aus der Magmakammer aufsteigen und stark mit Kohlendioxid angereichert sind. Ein Teil des Kohlendioxids wird leicht absorbiert und bildet eine Kohlensäurelösung. Normalerweise kann Wasser Kalkstein nur langsam auflösen, aber die heiße, saure Lösung löst große Mengen davon schnell auf. Das mit Kalk gesättigte kohlensäurehaltige Wasser sickert weiter entlang der Gesteinsschichten, bis es als Mammoth Hot Springs hervorsprudelt.

Sobald die Lösung der Luft ausgesetzt wird, entweicht ein Teil des Kohlendioxids, wodurch der Säuregehalt sinkt. Dabei lagert sich der Kalk, der nicht mehr in Lösung bleiben kann, als Travertin in Form und Form einer Terrasse ab.

Wenn Sie sich die Terrassen ansehen, können Sie sich die Menge des ausgegrabenen Kalksteins vorstellen. Geologen schätzen, dass das Wasser der Mammoth Hot Springs täglich mehr als zwei Tonnen gelösten Kalkstein an die Erdoberfläche befördert.

Abwechslung auf der Mammutterrasse

Die Mammutterrassen verändern sich ständig. Hätten Sie die Gegend in den 1930er Jahren besucht, wären Blue Spring, Cleopatra und Angel Terraces die Hauptattraktionen gewesen. Heute stehen sie als graue, leblose Ruinen da, und neu benannte Quellen sind an ihre Stelle getreten. In den 1970er Jahren flossen die Quellen Jupiter und Minerva sowie Teile der Highland Terrace frei und bildeten zarte und farbenfrohe Terrassen. Diese klaren Becken, die von Muscheln aus algengefärbtem Travertin gesäumt sind, haben Spektakel geschaffen, die auf der ganzen Welt für ihre Schönheit bekannt sind. Die Stufenbecken entstehen durch die besondere Art und Weise, wie das Kohlendioxid aus dem Kühlwasser entweicht. In ruhigen Becken ist die Verdunstung langsam. Wo Wasser bewegt wird, entweicht das Gas schnell. An diesen Stellen lagert sich Travertin schnell ab. Der Ablagerungsrand wächst nach oben und bildet einen höheren Damm, der die beiden Zonen noch stärker betont. Der Travertinrand wächst weiter, bis der Wasserdruck den Damm zum Platzen bringt. Dann beginnt der Prozess erneut an einem markanten Punkt im neuen Kanal.

FARBE IN DEN HEISSEN QUELLEN

Travertin lagert sich als weißes Mineral ab, doch wann immer heißes Wasser auf seiner Oberfläche glitzert, erstrahlt die Formation in leuchtenden Farben. Die Orange-, Gelb-, Grün- und Brauntöne stammen von einer großen Anzahl winziger lebender Bakterien und Algen. Ungefähr 65 Arten von Thermalalgen leben in den Gewässern der Mammoth Hot Springs und spiegeln unterschiedliche Bedingungen von Umweltfaktoren wie Temperatur, Säuregehalt, Sonnenlicht und Kohlendioxidkonzentrationen wider. Im heißesten Abschnitt der Abflusskanäle in der Nähe der Quellen dominieren weiße und leuchtend gelbe Thermalbakterien. Weiter unten, wo das Wasser etwas abgekühlt ist, sind die Orangen-, Braun- und Grünalgen am häufigsten anzutreffen. Verschiedene Kombinationen von Temperatur und Kohlendioxid malen algenfarbene Mosaike auf den Terrassen.

Die meisten Farben stammen von der Gruppe der Blaualgen, die mehr Farben zeigen, als ihr Name vermuten lässt. Diese Thermalalgen sind äußerst primitiv und haben sich wahrscheinlich kaum von denen verändert, die zu Beginn des Lebens auf der Erde in heißen Quellen wuchsen. Inmitten eines Yellowstone-Thermalbeckens kann man sich an einem heißen Tag leicht eine vulkanische Region auf einer primitiven Erde vorstellen, in der heißes Quellwasser durch farbige Stränge derselben Algen- und Bakterienart aufsprudelt.

WICHTIGSTE MERKMALE DER UNTEREN TERRASSEN

OPAL-TERRASSE

Opal Spring entspringt am Fuße des Capitol Hill gegenüber von Liberty Cap. Nach Jahren des Ruhens wurde diese Quelle im Jahr 1926 aktiv und begann, bis zu einem Fuß Travertin pro Jahr abzulagern. 1947 wurde ein Tennisplatz entfernt, um eine natürliche Erweiterung der Terrasse zu ermöglichen. Weiteres Wachstum bedrohte das historische Haus neben Opal. Das von Robert C. Reamer entworfene und 1908 erbaute Haus ist ein Beispiel für Architektur im Präriestil. Zu Reamers weiteren Entwürfen gehören das Old Faithful Inn und der Roosevelt Arch. Sandsäcke und ein Erdwall schützen heute das Haus. Es ist die Aufgabe des National Park Service, sowohl historische als auch natürliche Ressourcen zu schützen, die bei Opal Terrace in Konflikt geraten. Soll die Quelle zurückgehalten oder das historische Haus entfernt werden?

LIBERTY-MÜTZE

Dieses Merkmal markiert das nördliche Ende der Mammoth Hot Springs. Sie wurde 1871 von der Hayden Survey Party wegen ihrer deutlichen Ähnlichkeit mit den Mützen benannt, die Kolonialpatrioten während des Unabhängigkeitskrieges trugen. Es steht heute als ausgestorbener Thermalquellenkegel da. Seine Außenfläche ist seit vielen Jahren kühl und trocken und beherbergt eine Pflanzengemeinschaft, die sich stark von der der aktiven heißen Quellen unterscheidet. In der Nähe der Spitze befinden sich Flecken orangefarbener Flechten, die als Pioniere dabei sind, das Gestein in den Boden zu brechen und so den Weg für andere Pflanzen zu ebnen, die später folgen werden. BITTE BLEIBEN SIE AUF DEM WEG, da sich durch die Witterung Felsbrocken gelöst haben, die jederzeit herunterfallen können.

MINERVA-FRÜHLING

Die Minerva-Quelle liegt zentral innerhalb der unteren Terrassengruppe und ist von den verschiedenen Parkplätzen aus leicht über einen Wanderweg zu erreichen. Dieser Frühling ist nicht nur wegen seiner großen Auswahl an leuchtenden Farben beliebt, sondern auch wegen seiner kunstvollen Travertinformationen. Seit den 1890er Jahren, als die ersten Aufzeichnungen über die Aktivität der Mammoth Hot Springs geführt wurden, hat Minerva eine Reihe aktiver und inaktiver Perioden durchlaufen. Zu Beginn des 20. Jahrhunderts war es mehrere Jahre lang völlig trocken, aber 1951 wurde erneut berichtet, dass „Minerva sehr aktiv ist und es mit Sicherheit der schönste Frühling ist." In den 1970er Jahren nahm die Frühlingsaktivität in einigen anderen Bereichen zu und regenerierte Algenmatten, die heute denen von Minerva Konkurrenz machen.

JUPITER-FRÜHLING

Die Jupiterquelle liegt südlich von Minerva. Es wurde in den 1880er Jahren wegen seiner imposanten und hoch aufragenden Formation benannt. Jupiter war ein römischer Gott der Elemente: Der Blitz war sein Zeichen und der Regenbogen sein Bote. Wenn Sie ruhig zuhören, können Sie vielleicht hören, wie das heiße Wasser über die Terrassen dieser Anlage donnert. Der Regenbogen aus Algen, der seine Terrassen bedeckt, ist offensichtlich.

AUTOTOUR DURCH DIE OBERTERRASSE

Der Eingang zum Mammoth Terrace Drive liegt anderthalb Meilen südlich des Mammoth Visitor Centers an der Straße nach Norris. Diese malerische Autotour schlängelt sich über eineinhalb Meilen zwischen mehreren aktiven Thermalquellen entlang und verfügt entlang der Strecke über praktische Parkmöglichkeiten, an denen Sie anhalten und sich mit den Besonderheiten besser vertraut machen können. Die Auffahrt ist eine Einbahnstraße und aufgrund mehrerer scharfer Kurven ist es notwendig, Zugmaschinen, Busse und Wohnmobile mit einer Länge von mehr als 25 Fuß auszuschließen. Denken Sie daran, dass bei dünner Kruste und sehr heißem Wasser Vorsicht geboten ist, wenn Sie sich in der Nähe von Thermalquellen aufhalten.

MAMMUT-HEISSE QUELLEN-BEREICH
Untere Terrassen

KANARISCHER FRÜHLING

HAUPTERRASSE

NEUER BLAUER FRÜHLING

JUPITER-TERRASSE

NAIAD-FRÜHLING

MINERVA-TERRASSE

RESERVOIRFEDER

HÖHLENQUELLE

Teufelsdaumen

LIBERTY-MÜTZE

OPAL-TERRASSE

OBERTERRASSE-ANTRIEB

NORRIS UND UPPER TERRACE DRIVE

Mammutdorf

BLICK AUF DIE UNTERE TERRASSE

Dieser Aussichtspunkt bietet einen hervorragenden Überblick über die Quellen und Becken der Unterterrassen. Der große blaue Teich vor Ihnen und auf der rechten Seite ist Canary Spring. Die links sichtbaren Pools sind der New Blue Springs-Komplex. Die Namen dieser Merkmale lassen auf Farben schließen, die nicht mit dem übereinstimmen, was wir heute sehen. Die Farbe beider Features hat sich seit ihrer ursprünglichen Benennung geändert. Der Grund hierfür können Änderungen der Umweltbedingungen sein: möglicherweise eine Änderung der Wassertemperatur.

Der Weg nach links führt um New Blue Spring herum und weiter hinunter über die Terrassen zur Minerva Spring. In der Nähe dieses Punktes zweigt der Weg nach rechts zum Jupiter Spring und an Minerva selbst vorbei oder nach links zum Liberty Cap ab. Beide Routen führen zu Parkplätzen entlang der unteren Straße.

Hinter den Terrassen befinden sich die Gebäude mit roten Dächern auf der rechten Seite des historischen Fort Yellowstone, das von der US-Kavallerie während ihres Einsatzes hier von 1886 bis 1918 erbaut und bewohnt wurde.

Bemerkenswert ist die ökologische Gemeinschaft in diesem Abschnitt der oberen Terrassen. Der hohe Anteil an verrottetem Travertin sorgt für einen porösen Boden, der schnell austrocknet. Folglich ist die Vegetation spärlich und auf Arten beschränkt, die solche Bedingungen vertragen. An anderen Stellen entlang der Tourstraße können verschiedene Variationen in den Pflanzengemeinschaften beobachtet werden. Welche Umgebungsbedingungen können Sie erkennen, die diese Unterschiede beeinflussen könnten?

NEUER HIGHLAND-FRÜHLING

Die Aktivitäten am New Highland Spring begannen im Jahr 1952. Der kontinuierliche starke Zufluss von mineralhaltigem Wasser hat zu einer sehr schnellen Entwicklung dieser wunderschönen Terrasse geführt. Vor dieser Zeit war dieser Hügel von einem üppigen Bewuchs mit Bäumen, Sträuchern und Blumen bedeckt. Die von Travertin umhüllten Baumskelette stehen als Denkmäler der damaligen Verhältnisse.

Rechts von New Highland wächst noch immer ein Teil der dichten Vegetationsdecke an einem Nordhang. Bei näherer Betrachtung fällt vor allem das Unterholz auf, zu dem auch ein starker Moosbewuchs gehört. Welche Boden- und Feuchtigkeitsverhältnisse spiegeln sich hier wider? Warum sollte dieser Bereich so anders sein?

ORANGE MOUND-FRÜHLING

Das leuchtende Orange dieser Formation ist ein Hinweis auf die Temperatur ihres Wassers. Außerdem sind die Strömungsgeschwindigkeit und die Abscheidungsgeschwindigkeit sehr langsam. Daraus könnte man schließen, dass dieser kleine Hügel erheblich älter sein könnte als die viel größeren, da wir keine Aufzeichnungen darüber haben, dass dieser Frühling jemals sehr aktiv war.

Badesee

Direkt vor Ihnen liegt ein kurzer, aber sehr steiler Hügel. Am Fuße dieses Hügels auf der rechten Seite befindet sich der Bath Lake, der in den 1880er Jahren von einigen Anwohnern benannt wurde. Da es sich um ein ruhiges Becken handelt, erfolgt die Ablagerung von Travertin nur langsam und das Wasser bleibt stark mineralisiert mit Kalkstein. Den alten Aufzeichnungen zufolge war der Bath Lake im Jahr 1926 völlig trocken und blieb dies auch bis zum Erdbeben von 1959. Obwohl der Name dieser Besonderheit von der Gewohnheit der Soldaten herrührt, darin zu schwimmen, wissen wir jetzt, dass diese Aktivität die Bakterien und Algen schädigt, die Teil dessen sind, was der Park schützen soll. Auch das Baden in Thermalquellen ist unsicher und rechtswidrig.

WEIßE ELEFANTEN-HINTERTERRASSE

Dieser lange weiße Bergrücken ist ungewöhnlich für eine Thermalquellenterrasse und verleiht der Gegend einen Hauch von Fantasie. Jemand hat gesagt, dass es einer Reihe von Zirkuselefanten ähnelt, die über die Mammutterrassen marschieren. Nehmen Sie sich die Zeit, es aus verschiedenen Blickwinkeln zu betrachten und herauszufinden, was Sie denken!

Der letzte Abschnitt des Upper Terrace Drive führt durch ein Waldgebiet. Maultierhirsche werden hier häufig gesehen, besonders am späten Nachmittag und Abend.

Die Waldvegetation entlang dieses Abschnitts ist dicht, obwohl es sich um einen Südhang handelt. Die Thermalanlagen in dieser Umgebung sind alt und seit vielen Jahren inaktiv. Dies hat eine vollständigere Zersetzung des Travertins und die Ansammlung eines schwereren, nährstoffreicheren Bodens ermöglicht. Seine feuchtigkeitsspeichernden Eigenschaften übertreffen die des Bodens am Lower Terrace Overlook bei weitem.

ENGEL TERRASSE

Am Fuße des Hügels auf der linken Seite befinden sich die Ruinen von Angel Terrace. In den 1920er und 1930er Jahren sahen Besucher darin ein wunderschönes algenfarbenes Objekt. Heute beginnt es zu bröckeln und junge Pionierpflanzen wurzeln in der dünnen Erde auf seiner Oberfläche.

In den Thermalbecken finden ständig Veränderungen und Veränderungen statt, die das Geheimnis dieses faszinierenden Landes noch verstärken. Sie bringen nicht Zerstörung und Verlust, sondern Neugeburt und Gewinn. Wer weiß, welche interessanten, kunstvollen neuen Funktionen bis zum nächsten Jahr oder in fünf Jahren entstehen werden. Sie werden ermutigt, immer wieder dorthin zurückzukehren, um diese sich ständig verändernde Szenerie zu genießen.

> Zu Ihrer Sicherheit und zum Schutz der empfindlichen Teile bleiben Sie bitte auf den Wegen. Zu Ihrem und Ihrem Schutz sind Haustiere auf den Wegen nicht gestattet.
>
> *NOTFALLTELEFON 344-7381*

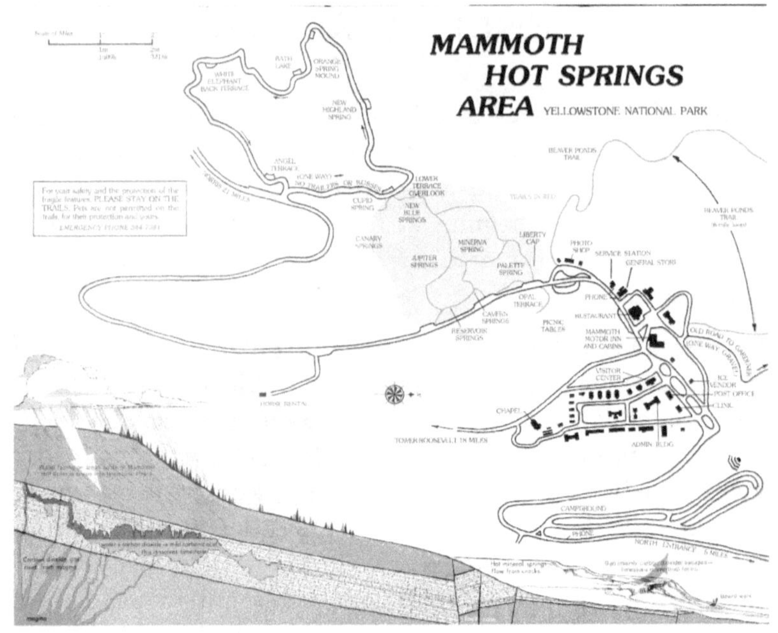

MAMMOTH HOT SPRINGS AREA
YELLOWSTONE NATIONAL PARK

WEIßE ELEFANTEN-HINTERTERRASSE

Badesee

ORANGE FRÜHLINGSHÜGEL

NEUER HIGHLAND-FRÜHLING

ENGEL TERRASSE

Amor-Frühling

BLICK AUF DIE UNTERE TERRASSE

NEUE BLAUE QUELLEN

Kanarische Quellen

JUPITER-FEDER

MINERVA-FRÜHLING

Palettenfeder

OPAL-TERRASSE

HÖHLENQUELLEN

RESERVOIRFEDERN

LIBERTY-MÜTZE

(EIN WEG)

KEINE ANHÄNGER ODER BUSSE

NORRIS 21 MEILEN

WEGE IN ROT

PICKNICKTISCHE

BEAVER PONDS TRAIL (6 Meilen lange Schleife)

FOTOSHOP

TANKSTELLE

GESCHÄFTSLADEN

TELEFON

RESTAURANT

MAMMOTH MOTOR INN UND KABINEN

BESUCHERZENTRUM

KAPELLE

TOWER ROOSEVELT 18 MEILEN

PFERDEVERMIETUNG

ALTE STRAßE NACH GARDINER (EINWEG, KIES)

EISVERKÄUFER

POSTAMT

KLINIK

ADMINISTRATOR. GEB.

CAMPINGPLATZ

TELEFON

Nordeingang 5 Meilen

Wasser, das auf Gebiete südlich von Mammoth Hot Springs fällt, versickert in Kalksteinschichten.

Wasser + Kohlendioxid → milde Kohlensäure; Dadurch wird Kalkstein aufgelöst

Kohlendioxidgas steigt aus Magma auf.

Magma

Aus Rissen sprudeln heiße Mineralquellen.

Störungszone

Gas (hauptsächlich Kohlendioxid) entweicht – es bildet sich Kalkstein (Travertin).

Brettspaziergang